Примітка:

в авторки цієї книжки 22 дитини (зокрема 6 близнюків і 9 трійнят), тож вона точно знає, про що говорить

Поглянь на її ванну кімнату

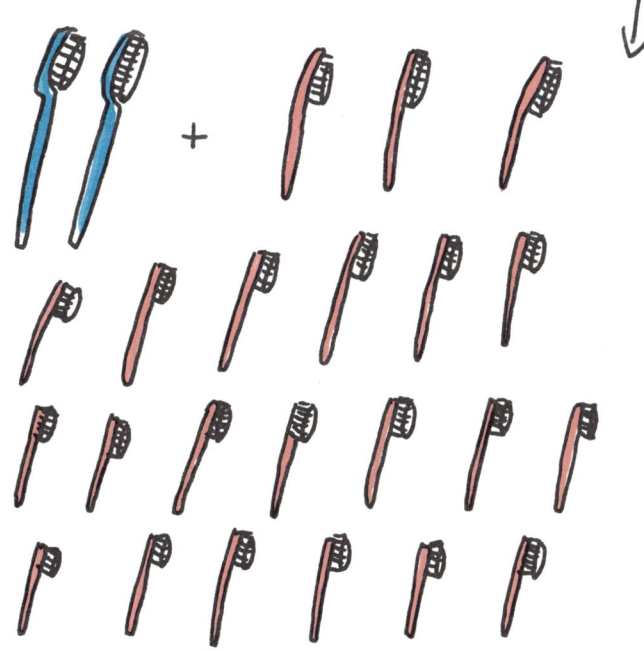

Тексти й ілюстрації Франсуази Буше
(з допомогою Лу Буше)

ВСТУП

Як ти зустрівся зі своїми батьками?

ПРИМІТКА: НАВІТЬ ЯКЩО ТВОЇ МАМА Й ТАТО АНІСКІЛЕЧКИ, НІ НА ДРІБКУ **НЕ СХОЖІ** НА ЦИХ ДВОХ,

ЦЯ КНИЖКА – ВСЕ ОДНО **ДЛЯ ТЕБЕ**, БО ВСІ БАТЬКИ НА СВІТІ МАЮТЬ БЕЗЛІЧ СПІЛЬНИХ РИС

ШВИДКО ПЕРЕГОРНИ СТОРІНКУ, ЩОБ ДІЗНАТИСЯ, ЯКИХ САМЕ!

СЕНСАЦІЙНА НОВИНА!

ТАК-ТАК, ЩОБ СТВОРИТИ ТЕБЕ, ТВОЇ БАТЬКИ **КОХАЛИСЯ** (ЯК І МІЛЬЯРДИ ІНШИХ БАТЬКІВ ПО ВСЬОМУ СВІТУ)

ВОНИ НЕ КУПИЛИ ТЕБЕ В СУПЕРМАРКЕТІ

І НЕ ЗНАЙШЛИ В КАПУСТІ

А ТА ВИГАДКА ПРО ЛЕЛЕКУ — ВЗАГАЛІ НІСЕНІТНИЦЯ!

--> ОСЬ ЯК УСЕ НАСПРАВДІ ПОЧАЛОСЯ

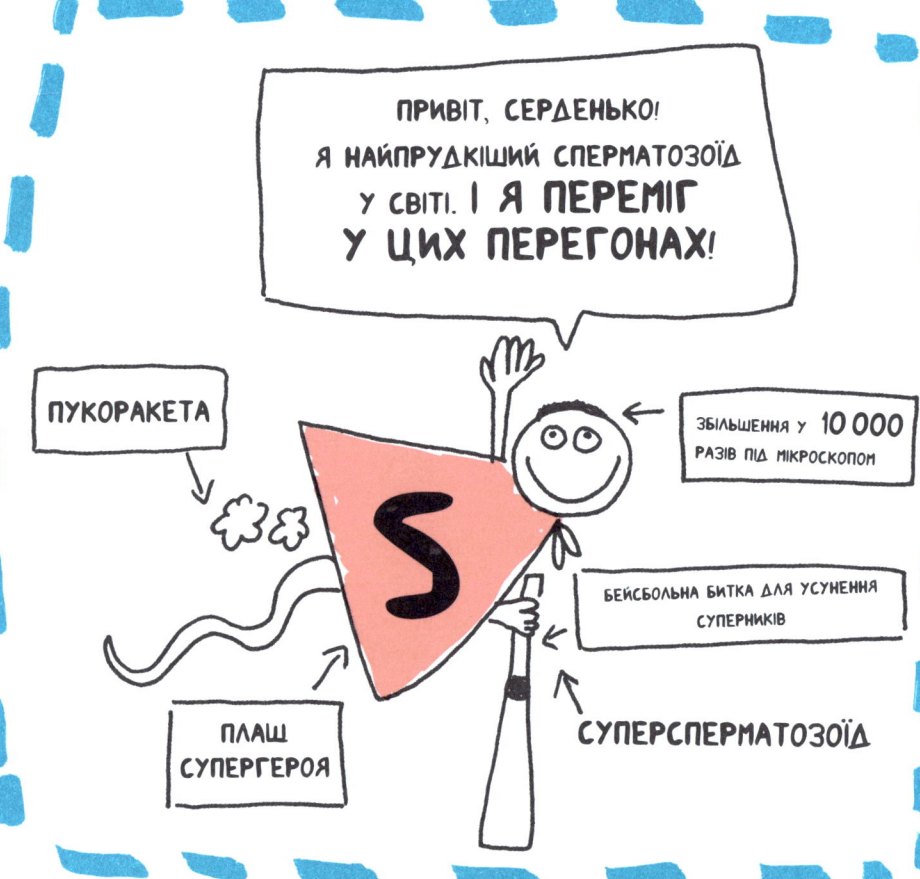

І ХОП-ХОП-ХОП

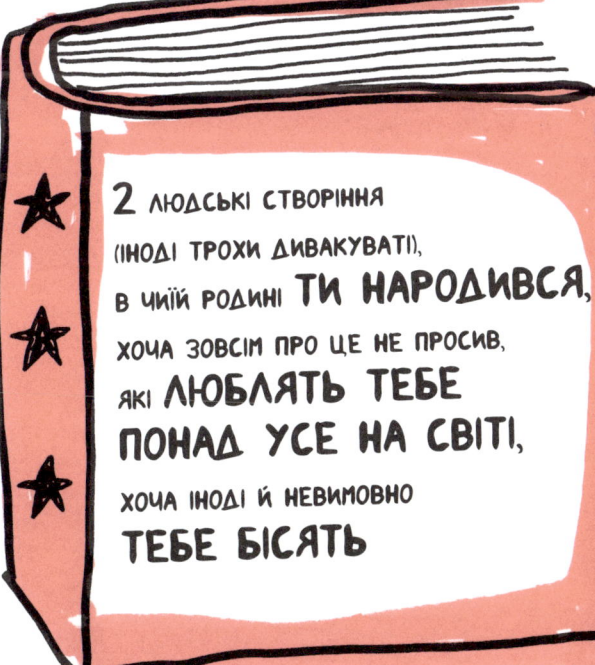

ТОБІ МОЖЕ ЗДАВАТИСЯ, ЩО ТВОЇ БАТЬКИ — (МАЙЖЕ) НОРМАЛЬНІ ЛЮДИ

Шоб не викрити себе, вони вдягаються, як усі на світі, й час від часу верзуть усілякі нісенітниці

Та насправді вони — надзвичайні створіння

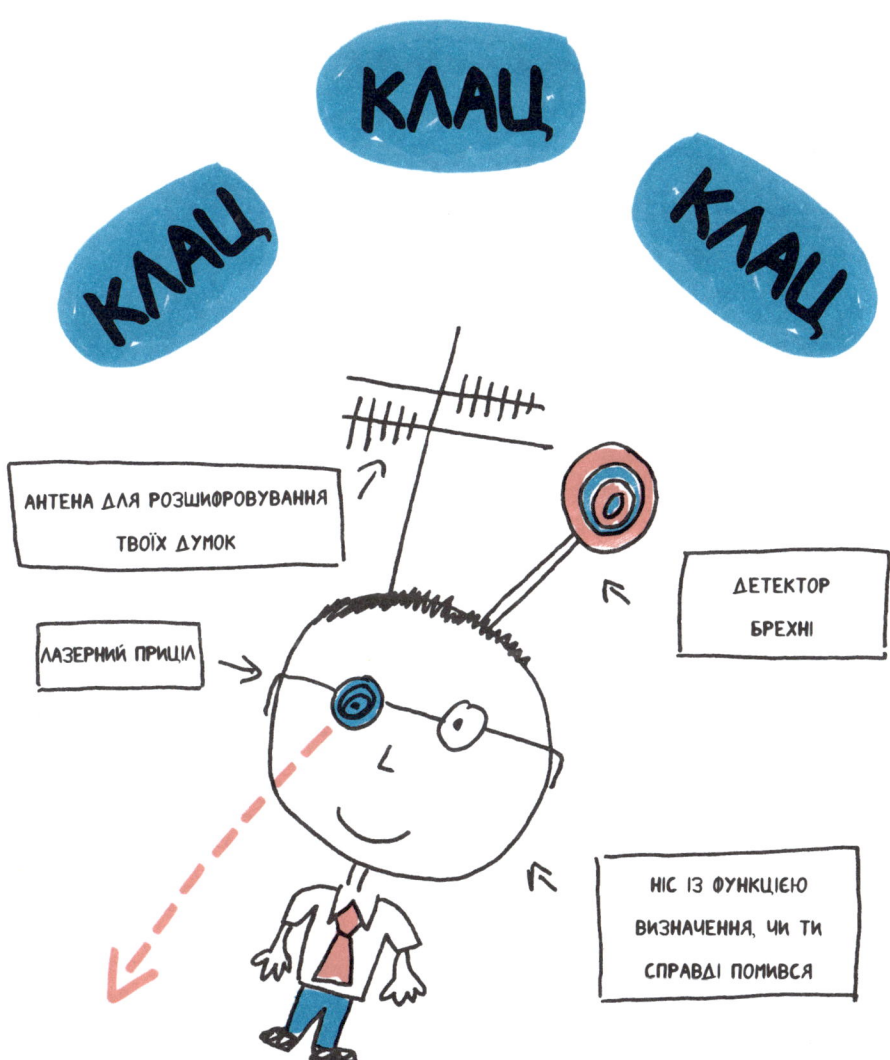

У ТВОЇХ БАТЬКІВ **ВЕЛИЧЕЗНЕ ЧАРІВНЕ СЕРЦЕ**, ЯКЕ ЛЮБИТЬ ТЕБЕ **ЦІЛОДОБОВО** (НАВІТЬ КОЛИ ТИ ПОВОДИШСЯ **НЕСТЕРПНО**)

ДОКАЗ (ПОРІВНЯННЯ РОЗМІРІВ)

БАТЬКІВСЬКЕ СЕРЦЕ

Я Б ОЦЕ ЗГАМАВ ЧИЗБУРГЕР

ВЕЛЕТЕНСЬКИЙ ОПЕЦЬКУВАТИЙ МАМОНТ

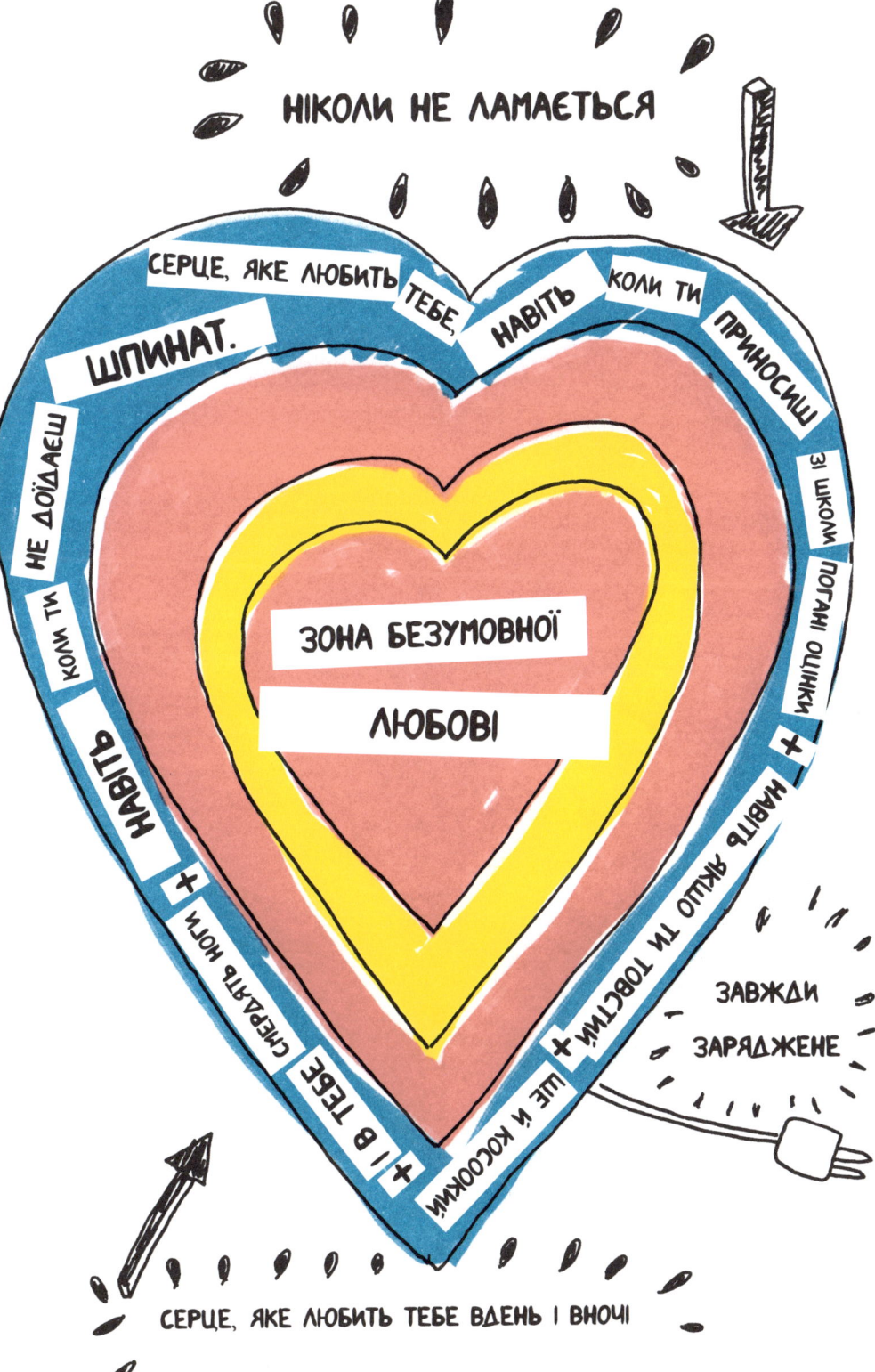

ЯКЩО ТЕБЕ ОБРАЖАЮТЬ, БАТЬКИ ЗДАТНІ **ПЕРЕВТІЛИТИСЯ** ЗА 1 СЕКУНДУ, ЩОБ ЗАХИСТИТИ ТЕБЕ

НЕЙМОВІРНО!

ПРИКЛАД. ПОГЛЯНЬ, ЩО ВІДБУВАЄТЬСЯ, КОЛИ В ЇХНІЙ ПРИСУТНОСТІ ХТОСЬ НАЗИВАЄ ТЕБЕ ЖИРНИМ ТУПОГОЛОВИМ ЙОЛОПОМ З ТРЬОМА ЗВИВИНАМИ

Але **ОБЕРЕЖНО:** якщо ти перегнеш палицю, усе може обернутися проти тебе – твої батьки вміють перевтілюватися в жаского **ВОГНЕДИШНОГО ДРАКОНА**

Батьки наділені СУПЕРЗДІБНІСТЮ розв'язувати твої проблеми, тож якщо вони в тебе виникнуть, НІКОЛИ не соромся сказати про це батькам

Вони добре озброєні, щоб тобі допомогти

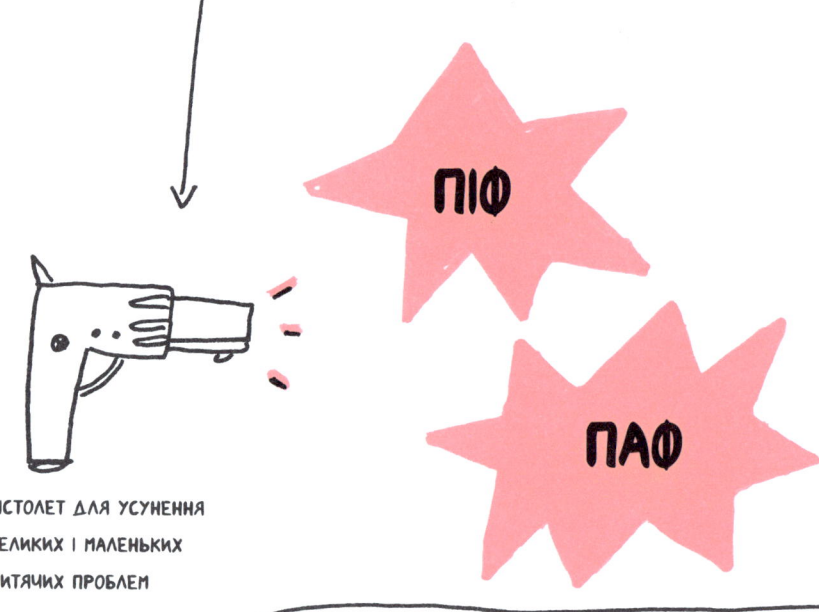

ПІФ

ПАФ

Пістолет для усунення великих і маленьких дитячих проблем

Що це за пекельний шум?

Замість мозку в їхній голові — ФАБРИКА РОЗВ'ЯЗУВАННЯ ПРОБЛЕМ

- Дим від думок
- Пошук виходу з ситуації
- Місце входу проблеми
- Мегакорисна порада

УРА, ТЕПЕР УСЕ В ПОРЯДКУ!

ХУХ!

Батьки – це твої **ПРЕДКИ**; вони з'явилися на землі значно раніше за тебе, тому мають **БАГАТЮЩИЙ ЖИТТЄВИЙ ДОСВІД**...

Діно, татів друзяка
(за сивої давнини вони разом училися в школі)

Між іншим, твій тато тричі лишався на другий рік, просто йому соромно тобі в цьому зізнатися

Бракойолопозавр

СЛІД ВИЗНАТИ, ЩО ТВОЇ БАТЬКИ — СПРАВЖНІСІНЬКІ ЧАРІВНИКИ

1 ЧУДЕСА ПОЧИНАЮТЬСЯ З ТВОГО НАРОДЖЕННЯ
(ВОНИ НІЯК НЕ МОЖУТЬ ТОБОЮ НАДИВУВАТИСЯ)

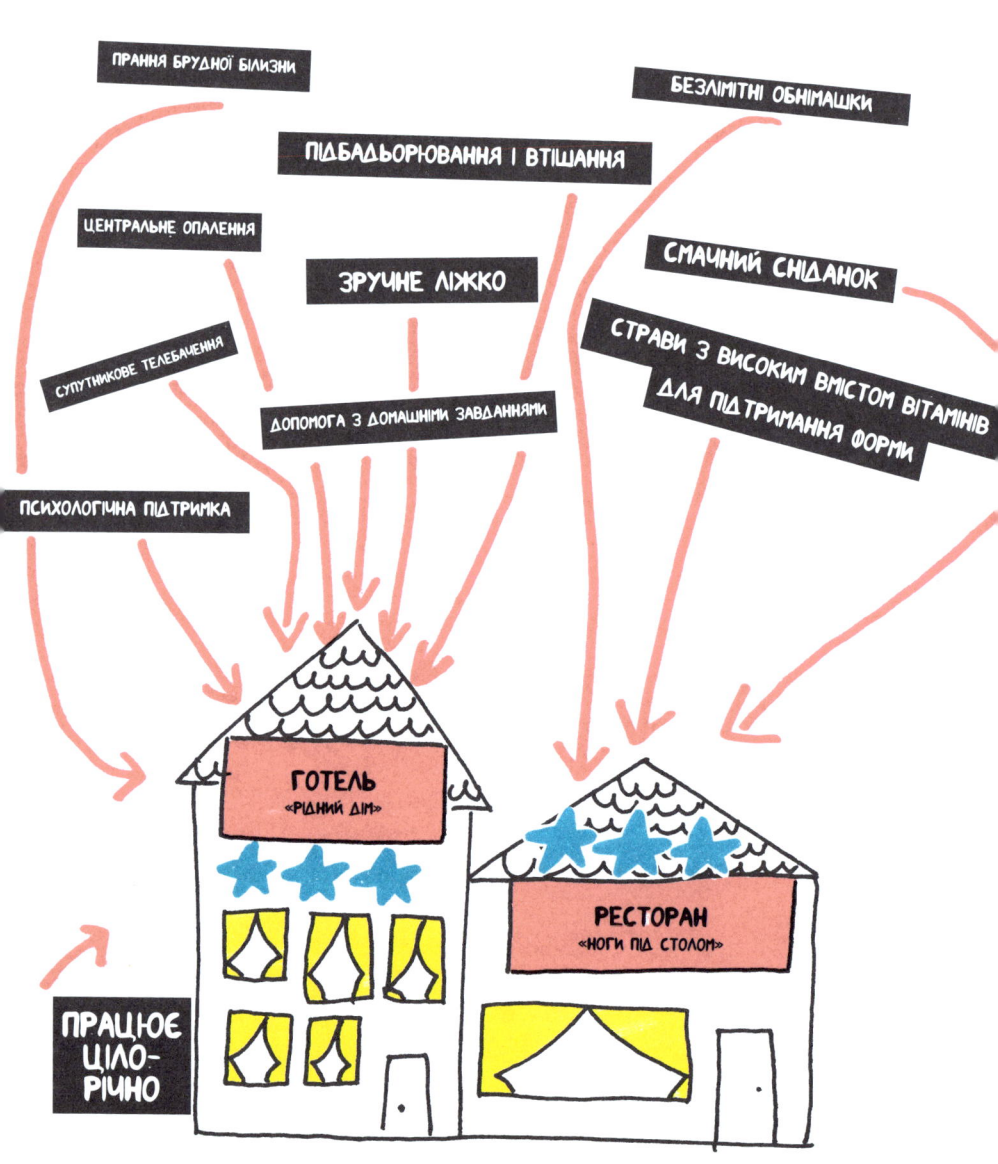

КОМФОРТНЕ ТАКСІ БЕЗ ЛІЧИЛЬНИКА!

ЗАПРАВЛЯЄТЬСЯ БАТЬКІВСЬКОЮ ЛЮБОВ'Ю

ВІДВЕЗЕ БУДЬ-КУДИ: У ШКОЛУ, В БАСЕЙН, НА КОВЗАНКУ, НА ТАНЦІ, НА КУНГ-ФУ, В КІНО, ДО ДРУЗІВ

БАТЬКАМ ПРИЄМНО ВСЕ ЦЕ РОБИТИ, АЛЕ НЕ ЗАБУВАЙ КАЗАТИ ЇМ «ДЯКУЮ»!

ТА ВСЕ Ж ТАКИ НЕ ВАРТО ПРОСИТИ В НИХ ЗАБАГАТО

Звісно, твої батьки — щедрі, але ж вони не мільярдери

Примітка. Якщо вони колись розбагатіють, <u>одразу</u> ж повідом авторці цієї книжки номер їхнього банківського рахунку :)

Хоч як складно це буває, батьки роблять усе можливе, щоб досягти успіху **в твоєму вихованні**

Якщо ти досі не розумієш, для чого потрібні батьки, поглянь на цю таблицю ⟶

Ось доказ того, що батьки ЛЮБЛЯТЬ ТЕБЕ ПОНАД УСЕ НА СВІТІ
(навіть коли ти псуєш їм нерви)

ДОБРИЙ ДЕНЬ, ЧИ НЕ ХОТІЛИ Б ВИ ОБМІНЯТИ ВАШУ ДИТИНУ НА МІСЯЦЬ ВІДПОЧИНКУ НА РАЙСЬКОМУ ОСТРОВІ + ДІАМАНТ ВАРТІСТЮ 22 МІЛЬЯРДИ ДОЛАРІВ + КІЛЬКА СЕАНСІВ ПЛАСТИЧНОЇ ХІРУРГІЇ ДЛЯ РОЗГЛАДЖЕННЯ ЗМОРШОК + РОЗКІШНИЙ ГОНОЧНИЙ АВТОМОБІЛЬ?

КОНТРАКТ

ПІДЛИЙ СПОКУСНИК

ОСЬ У ЧОМУ ПОЛЯГАЄ НАЙБІЛЬША ЗАСЛУГА БАТЬКІВ

ЩОДНЯ ВОНИ РОБЛЯТЬ **УСЕ** МОЖЛИВЕ, АБИ ТИ **БУВ** ЩАСЛИВИМ

Порівняно з ними Дід Мороз — нікчемний пройдисвіт: він з'являється лише раз на рік

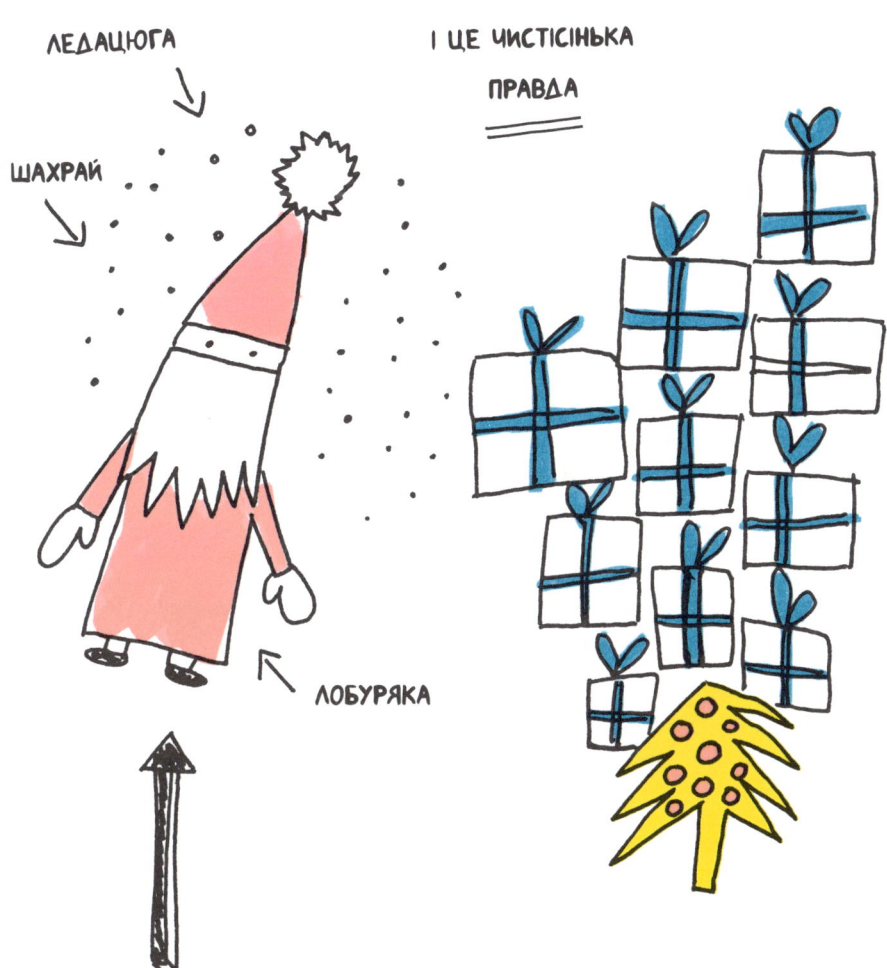

АЛЕ

Попри всі свої чесноти, батьки дуже часто тебе дратують

Не переймайся, це **нормально**

Таке трапляється в усіх родинах!

ПОГАНА НОВИНА

ІДЕАЛЬНИХ БАТЬКІВ НЕ ІСНУЄ!!!

(ТА Й ДІТЕЙ ТЕЖ 😇)

ПРОСТО ЖАХ!

ПРАВДА Ж, БІСИТЬ, ЩО БАТЬКИ ВЕСЬ ЧАС ТЕБЕ ПІДГАНЯЮТЬ?

 ПОРАДА №1

Якщо тобі це набридло, терміново дай їм чайну ложечку «Попустину»

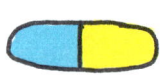 Або пігулку «Нехвилюміцину»

Чому всі батьки такі схиблені на хороших манерах?

Усе просто: вони не хочуть, щоб з тобою трапилася така ж неприємність, як колись з ними

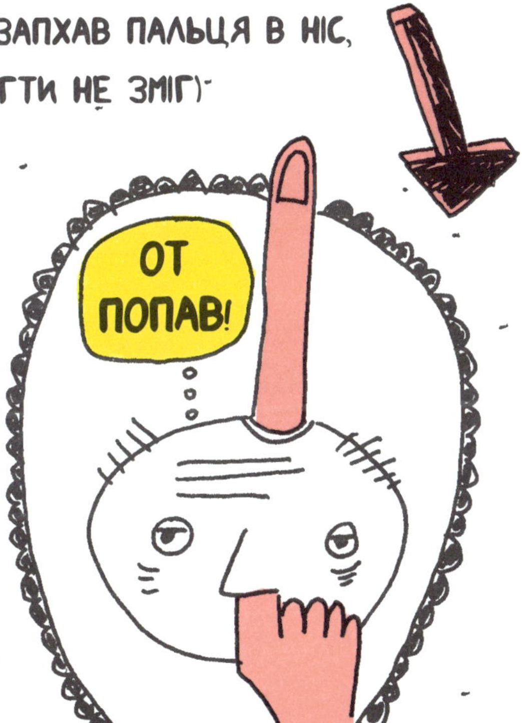

МАЛЕНЬКА ЗАГАДКА

У ЧОМУ РІЗНИЦЯ МІЖ НАДСУЧАСНОЮ МІКРОХВИЛЬОВКОЮ Й ТОБОЮ?

1
ФУ ФУ ФУ

2
ФЕ ФЕ ФЕ

СМЕРДИТЬ ПЛІСНЯВИМ СИРОМ

СМЕРДИТЬ ПРОТУХЛИМИ КОНСЕРВАМИ

→ →

СПЕЦІАЛЬНА ГІГІЄНА

ВІДГАДКА

3 МІКРОХВИЛЬОВКА САМООЧИЩУЄТЬСЯ

4 А ТИ — НІ.

Облом, звісно.

ОСЬ ЧОМУ БАТЬКИ ЗАВЖДИ ЗМУШУЮТЬ ТЕБЕ МИТИСЯ.
І ПРАВИЛЬНО РОБЛЯТЬ.

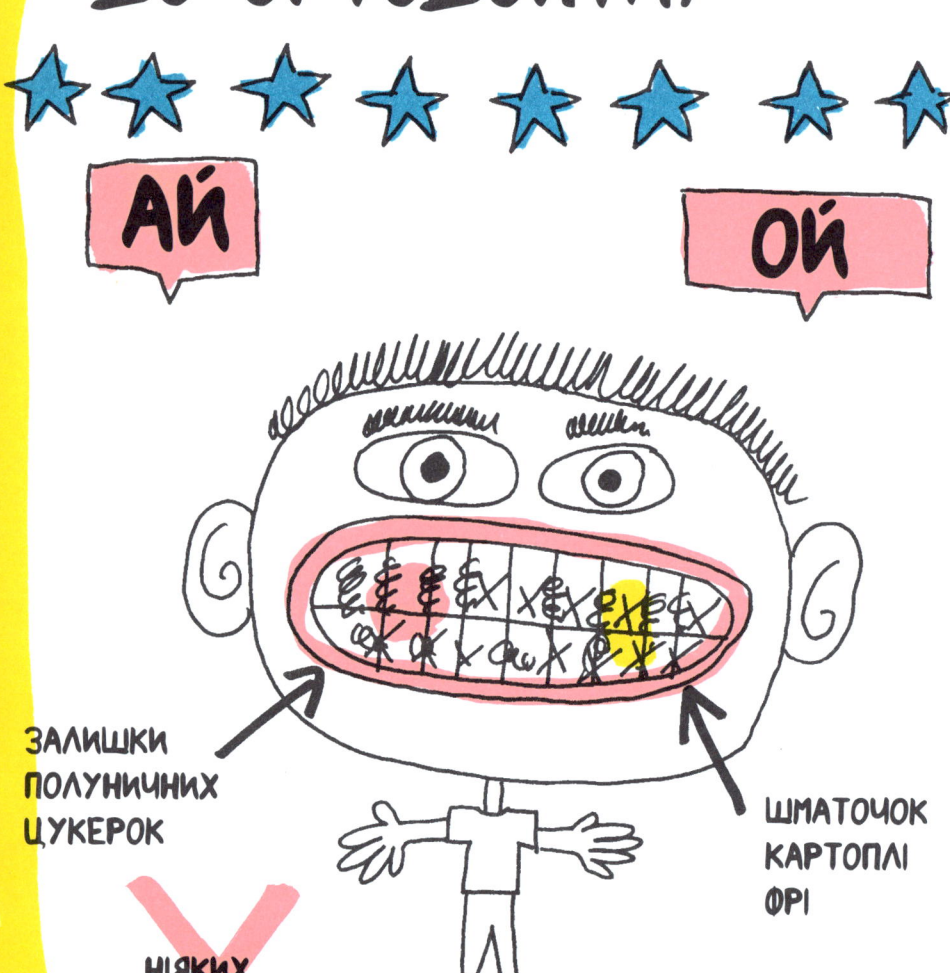

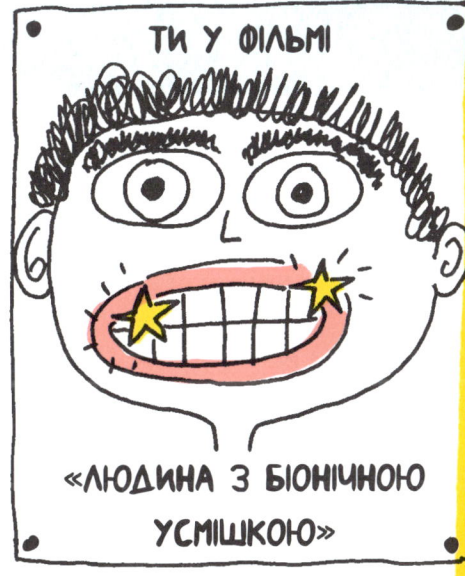

РЕКЛАМА

Негайно замовте цю чудо-машину на Новий рік ➡

Часом батьки аж надто ПРИЧІПЛИВІ

Але не гнівайся, серденько – це все тому, що вони тебе **ЛЮБЛЯТЬ**

Ось уся правдонька про твій перший самостійний похід по хліб

ПРИМІТКА. НЕ ГНІВАЙСЯ НА БАТЬКІВ, ВОНИ ПРОСТО ПЕРЕЖИВАЮТЬ ЗА ТЕБЕ (АЛЕ ЯКЩО ТОБІ 42 РОКИ, А ВОНИ ВСЕ НІЯК НЕ ВГАМУЮТЬСЯ, **ТО ЯВНО ЩОСЬ НЕ ТАК**)

Батьки схиблені на овочах і фруктах, **ПРОГУЛЯНКАХ НА СВІЖОМУ** повітрі й культурному дозвіллі. **І ВОНИ МАЮТЬ РАЦІЮ**

Інакше ось шо з тебе могло б вирости:

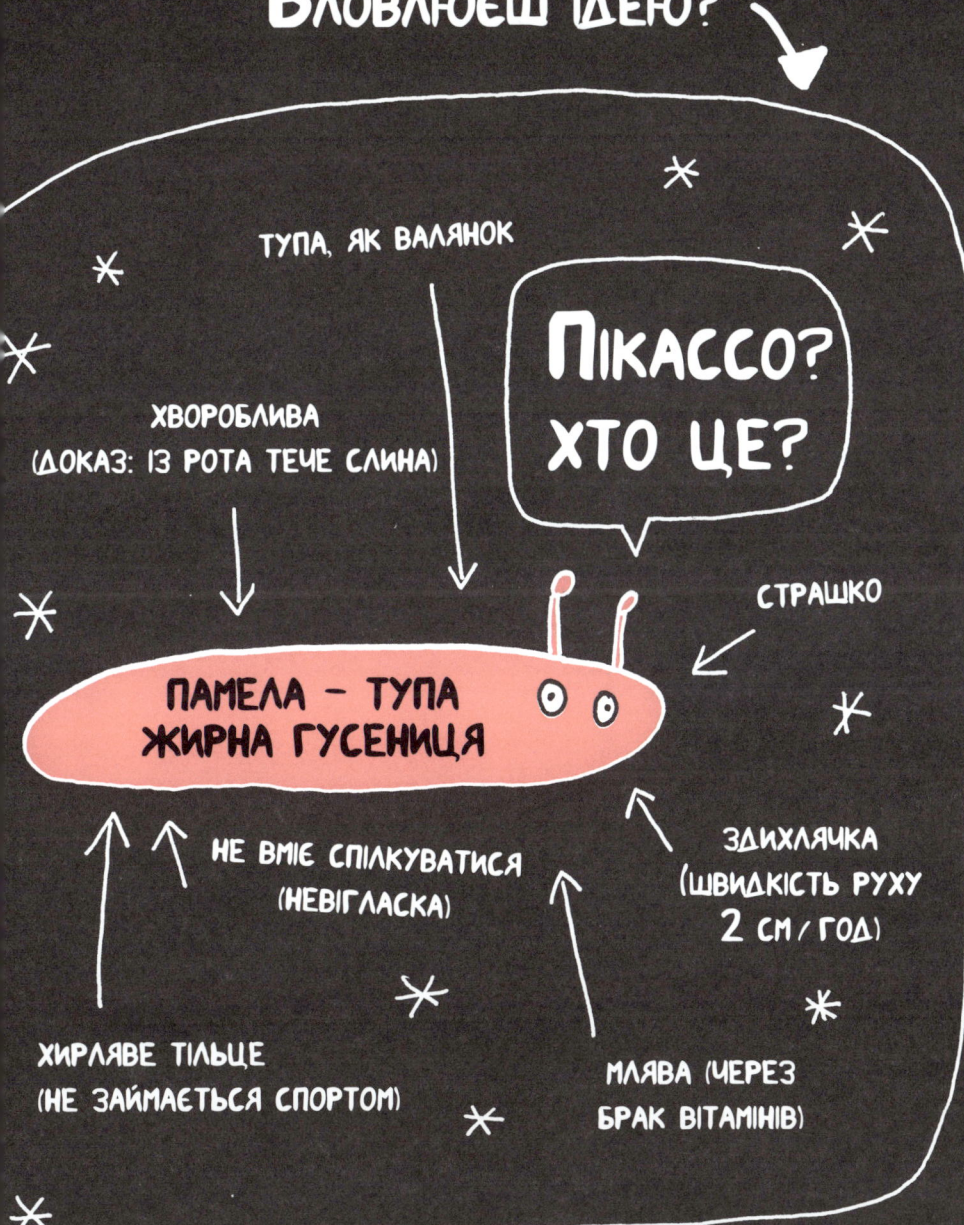

ГРА

ЗНАЙДИ НА СУСІДНІЙ СТОРІНЦІ 3 ПОМИЛКИ

1: У МАМИ 3 НОГИ
2: У ТАТА 3 ОКА
3: БАТЬКІВ, ЯКІ ЗАВЖДИ КАЖУТЬ «ТАК», НЕ ІСНУЄ
(НА ЩАСТЯ, ІНАКШЕ ЇХНІ ДІТИ БУЛИ Б СТРАШЕННО НЕВИХОВАНІ)

АЛЕ БАТЬКИ, ЯКІ ЗАВЖДИ КАЖУТЬ «НІ», – ЦЕ ТЕЖ НЕНОРМАЛЬНО

Може, вони тікають на дискотеку, як тільки ти заплющуеш очі??

ТАМ БУДУТЬ ТАНЦ!!

ТА-ТА-ТА-ТАНЦ!!

РОК- Н -РОЛ

Зовсім ні! Вони просто хочуть, щоб ти добре виспався і наступного дня був повен сил!

АЛЕ ОСЬ ЩО **НАЙГІРШЕ**

Іноді батьки кажуть тобі щось робити, а самі так не роблять!!!

ДОКАЗ

ПОЧИСТЬ ЗУБИ, ЗАЙЧИКУ

СМЕРДЮЧИЙ ЗАПАХ ІЗ РОТА

БУДЬ ЧЕМНИМ, СЕРДЕНЬКО

А ШОБ ТИ СКИСЛА, ~~КЛЯТА~~ ДУХОВКА, ~~ХАЙ ТОБІ ГРЕЦЬ~~. У МЕНЕ ЗГОРІЛА ЗАПІКАНКА

Нагадуй їм, що вони мають бути для тебе прикладом!

Крихітна чарівна паличка,
за допомогою якої ти зможеш перетворити батьків на жаб, коли вони геть неправі

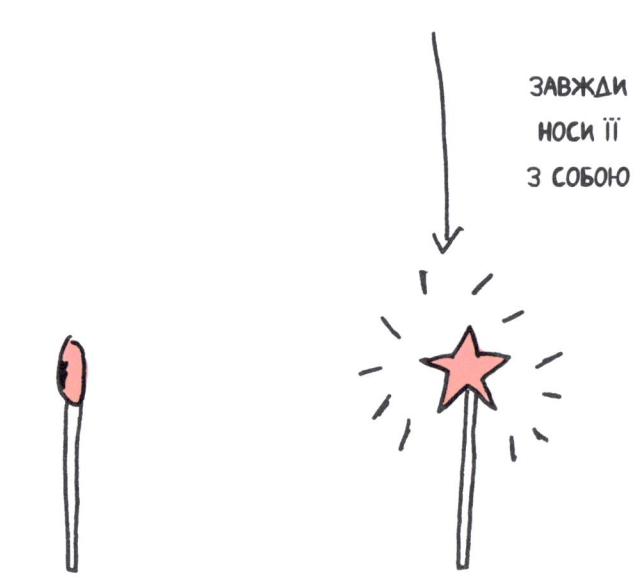

Завжди носи її з собою

Сірник для порівняння розмірів

Батьки терпіти не можуть, коли ти їм брешеш, від цього вони хворіють

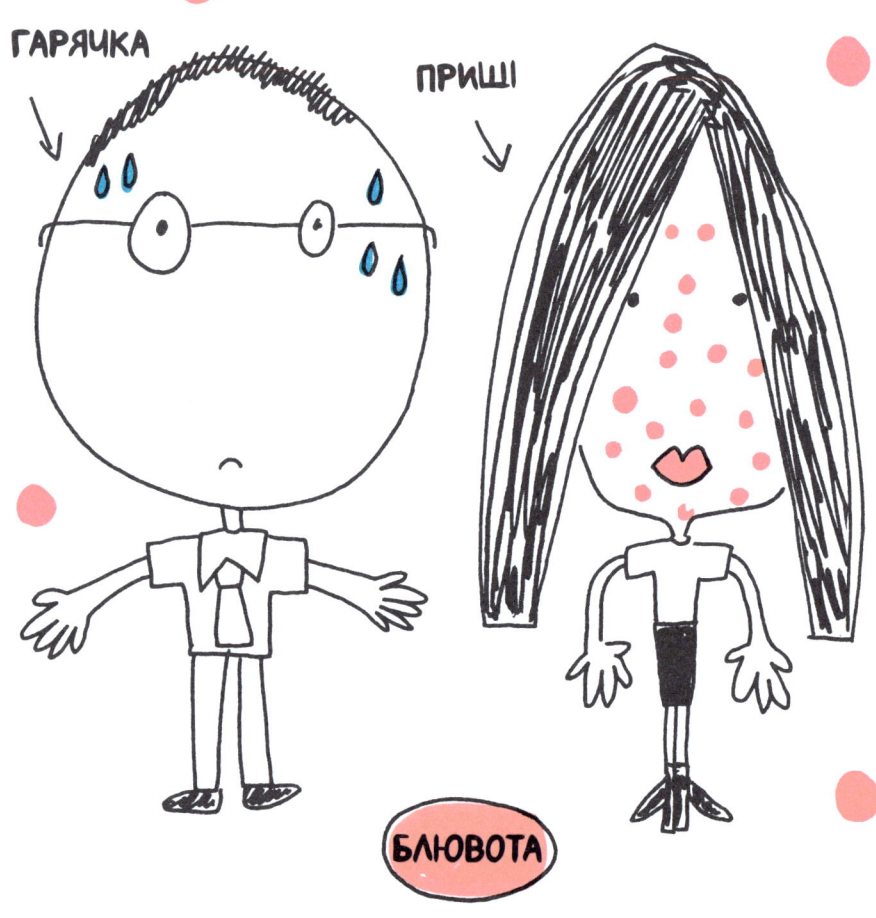

Це дуже небезпечна хвороба, яка називається

ГОСТРА КРИЗА ДОВІРИ

Більше того, якщо ти не перестанеш годувати їх побрехеньками, вони не зможуть одужати і більше ніколи тобі не віритимуть, навіть коли ти казатимеш чистісіньку правду. **ТОЖ БУДЬ ПИЛЬНИМ!**

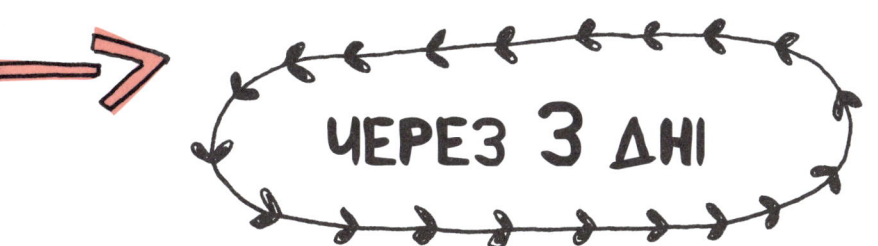

ЧЕРЕЗ 3 ДНІ

ТЕБЕ КИНУЛИ ЗА ҐРАТИ НА 6 МІСЯЦІВ ЗА КРАДІЖКУ ЦУКЕРОК

І ЦЕ ПРАВИЛЬНО — ВОНИ БОЯТЬСЯ, ЩО ТИ ПОТРАПИШ ПІД ЗГУБНИЙ ВПЛИВ І ПУСТИШСЯ БЕРЕГА!

ЕКСТРЕНІ НОВИНИ КІНЦЯ СЕМЕСТРУ

Що робити, якщо батьки зомліли, коли побачили твій табель?

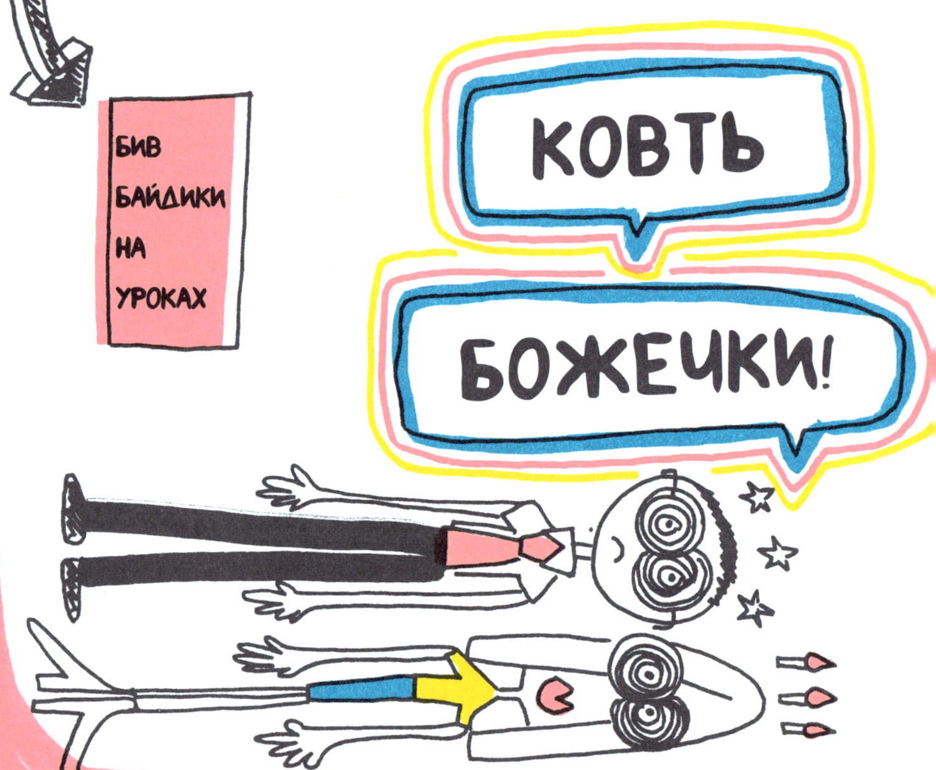

БИВ БАЙДИКИ НА УРОКАХ

КОВТЬ

БОЖЕЧКИ!

ВАРІАНТИ РОЗВ'ЯЗАННЯ ПРОБЛЕМИ

1. СПЕРШУ ДАЙ ЇМ ПОНЮХАТИ ЩОСЬ ДУЖЕ СМЕРДЮЧЕ

2. ЯКЩО ЦЕ НЕ ДОПОМОЖЕ, ВИЛИЙ НА НИХ ВІДРО КРИЖАНОЇ ВОДИ

3. У КРАЙНЬОМУ РАЗІ ВИКЛИЧ СПЕЦІАЛЬНУ ШВИДКУ

ВІУ-ВІУ-ВІУ

ШВИДКА ДЛЯ БАТЬКІВ
СЛУЖБА ПОРЯТУНКУ
РЕАНІМАЦІЯ У РАЗІ ПОГАНОГО ТАБЕЛЯ

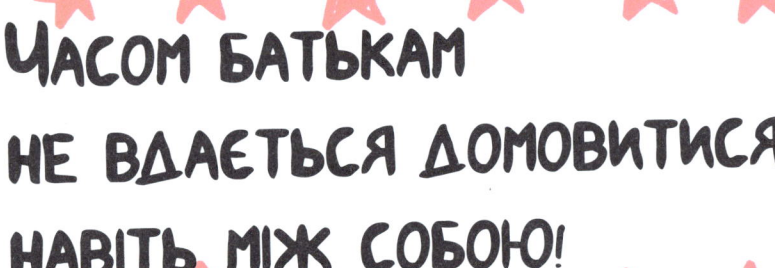

Часом батькам не вдається домовитися навіть між собою!

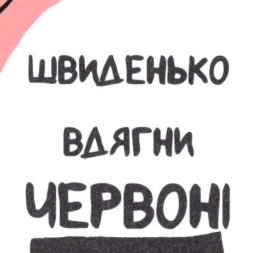

Швиденько вдягни **ЧЕРВОНІ** штани, ми їдемо до бабусі й дідуся

Ні, залишайся в **СИНІХ**

ЗАБЕМБАЛИ

Ось дві твої заповітні мрії, які ніколи НЕ ЗДІЙСНЯТЬСЯ в РЕАЛЬНОМУ ЖИТТІ

МРІЯ МРІЯ МРІЯ

МРІЯ МРІЯ

МРІЯ МРІЯ

МРІЯ МРІЯ

> Серденько, хочеш, я подарую тобі чарівну зубну пасту, якою можна чистити зуби лише раз на рік?

МРІЯ МРІЯ МРІЯ МРІЯ МРІЯ МРІЯ МРІЯ МРІЯ МРІЯ МРІЯ

Сонечко, скільки кишенькових грошей видати тобі цього тижня — один чи два мільйони?

ОБЛОМ!

ЗІЗНАЙСЯ, ІНОДІ СОРОМНО

Приклад №1

ГИ ГИ ГИ ГИ ГИ
ГИ ГИ ГИ ГИ ГИ
ГИ ГИ ГИ ГИ ГИ
ГА ГА ГА
ГИ ГИ ГИ ГИ
ГА ГА ГА ГА
ГИ ГИ ГИ ГИ

- РЕГОЧЕ НА ЛЮДЯХ, ЯК НАВІЖЕНА
- НЕВДАЛА СТРИЖКА
- СТАРОМОДНА БЛУЗКА
- ПЛІСИРОВАНА СПІДНИЦЯ, НЕМОВ ІЗ МИНУЛОГО СТОЛІТТЯ

ТВОЯ МАМА

ТИ, ПАЛЕНІЄШ ВІД СОРОМУ

ТОБІ БУВАЄ ЗА БАТЬКІВ

Приклад № 2

ТИ, ЧЕРВОНИЙ ЯК РАК, БО ТАТО ЩОЙНО **НАЗВАВ** ТЕБЕ "МОЇМ МУСЮПУСІНЬКИМ ЗАЙЧАТОЧКОМ" І **ЧМОКНУВ** У ЩІЧКУ ПЕРЕД ТВОЇМИ ДРУЗЯКАМИ

ПОРАДА

ЗБРЕШИ ДРУЗЯМ, ЩО ЦЕ **НЕ ТВОЇ БАТЬКИ**, А ЯКІСЬ **ДИВАКИ**, ЯКИХ ТИ **ЗУСТРІВ НА ВУЛИЦІ**

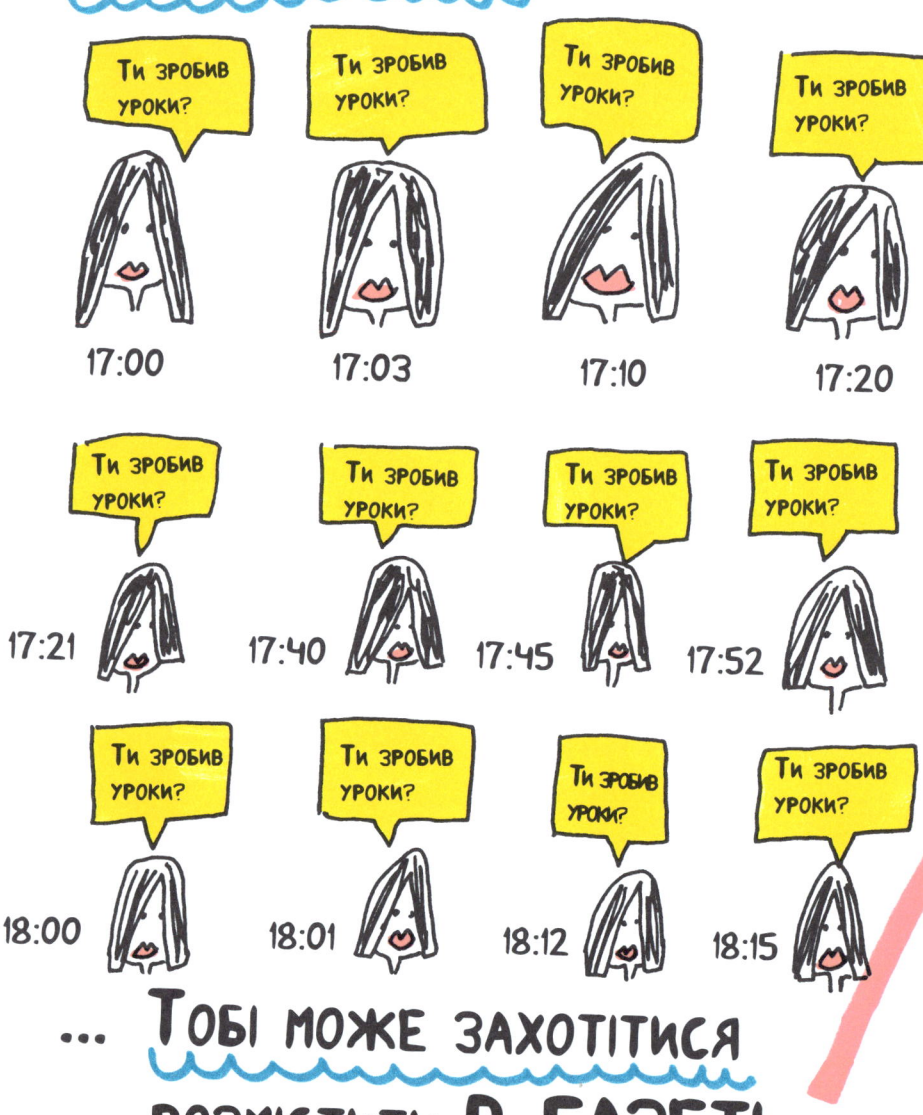

ТЕРМІНОВО

Пречудово вихована, **ЧЕМНА** дитина негайно **ОБМІНЯЄ** своїх **БАТЬКІВ** на тих, **ЯКІ НЕ ЗМУШУЮТЬ РОБИТИ УРОКИ** й чхати хотіли **НА ШКІЛЬНІ ОЦІНКИ**

АЛЕ БУДЬ ОБЕРЕЖНИМ!

це може погано скінчитися

→ **Ти можеш телепортуватися в родину** тупих огрядних пінгвінів і все життя їстимеш сирі сардини й морозитимеш голу дупу на льоду

АБО ЩЕ ГІРШЕ

ОПИНИШСЯ В ПЛЕМЕНІ ПОЛІГАМНИХ ДИКУНІВ ПОСЕРЕД ДЖУНГЛІВ

ТВІЙ ТАТО – ВОЖДЬ ПЛЕМЕНІ

ДРУЖИНИ ТВОГО НОВОГО ТАТА

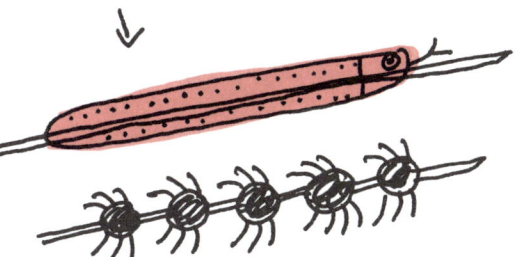

ОБІД НА ВСЮ РОДИНУ (ШАШЛИЧКИ ЗІ ЗМІЇ Й ПАВУКІВ-ПТАХОЇДІВ)

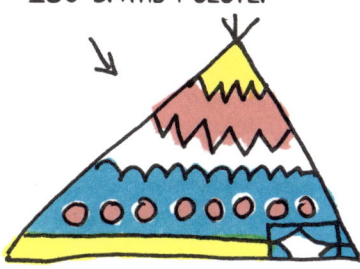

ХИЖКА ДЛЯ ТЕБЕ ТА ТВОЇХ 250 БРАТІВ І СЕСТЕР

ВИСНОВОК. КРАЩЕ СПРОБУЙ ПОРОЗУМІТИСЯ З БАТЬКАМИ

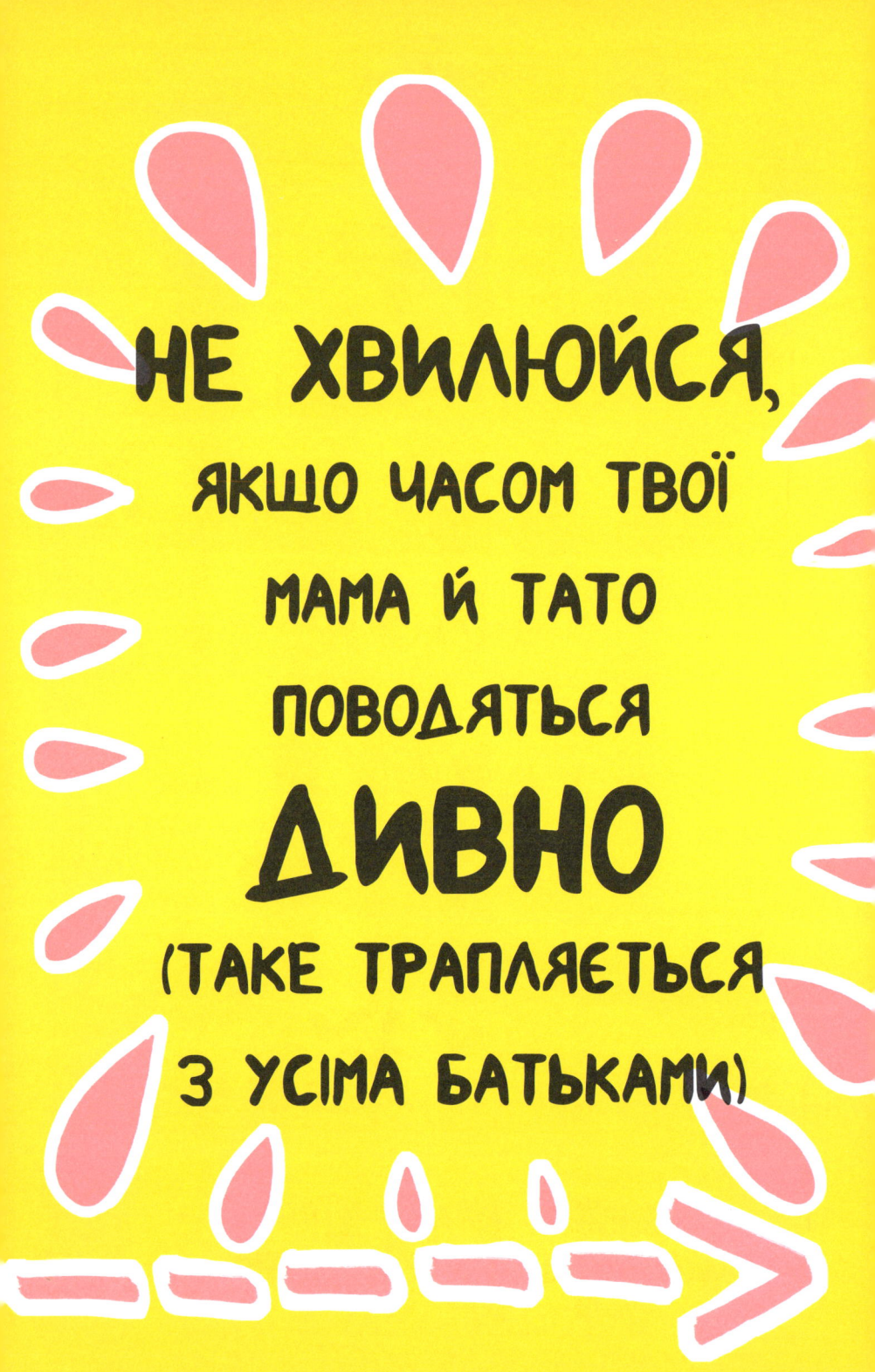

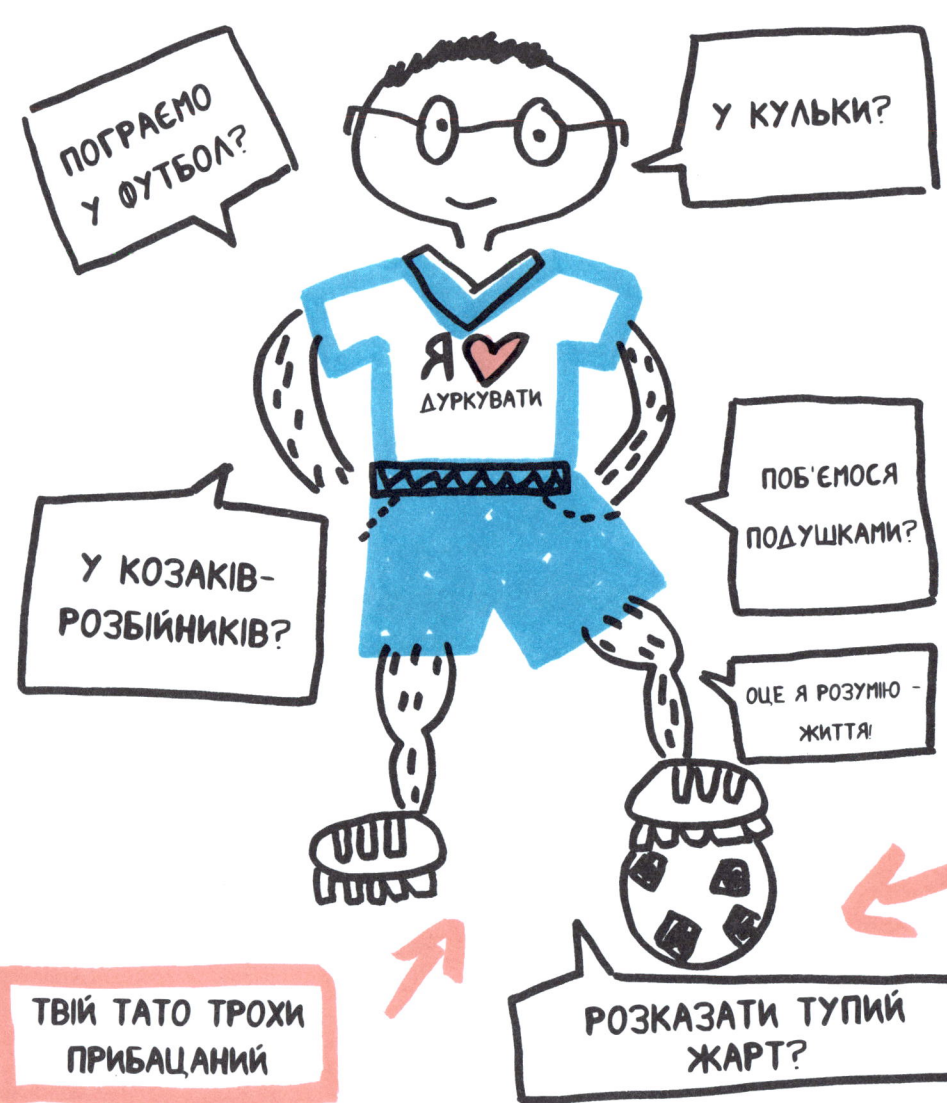

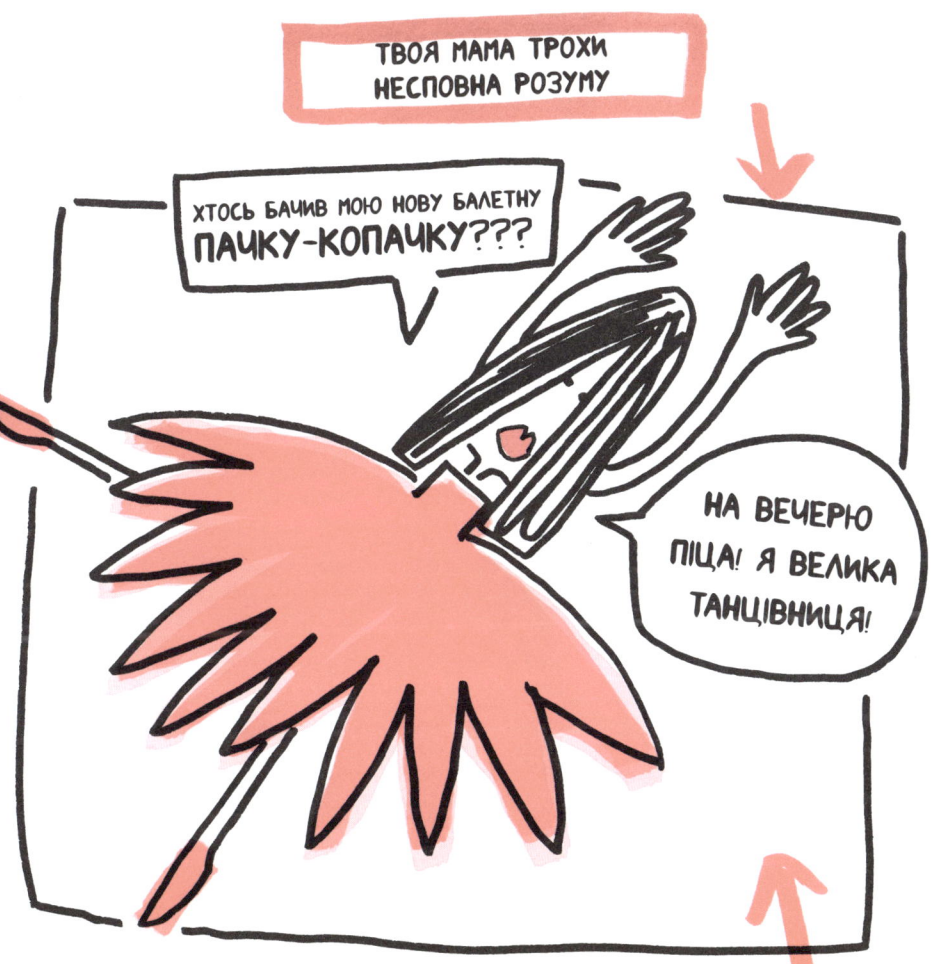

Просто іноді на них нападає хвороба під назвою **«ЯНЕХОЧУНІЧОГОВИРІШУВАТИ»**, яка й викликає всі ці симптоми

Але хвилюватися нічого! Це найвеселіша хвороба в світі (авторка цієї книжки, до речі, давно вже її підчепила)

Іноді тобі може здаватися, що ти **НЕ ЗАВЖДИ** центр світу своїх батьків

ЛЯ-ЛЯ-ЛЯ
ТРА-ЛЯ-ЛЯ
Чао, серденько,
ми відчалюємо у ВЕНЕЦІЮ

ДОЛЬЧЕ ВІТА
АМОРЕ МІО

ТОМУ ОСЬ ТОБІ...

СИМПАТИЧНА ВАЛІЗКА, ЩОБ НА ТИЖДЕНЬ ПОЇХАТИ ДО БАБУСІ Й ДІДУСЯ

ВЕСЕЛИХ КАНІКУЛ!

НІЧОГО ДИВНОГО, АДЖЕ МАМА З ТАТОМ — НЕ ЛИШЕ ТВОЇ БАТЬКИ, АЛЕ Й **ПОДРУЖНЯ ПАРА**

Розкриваємо велику таємницю

Твої батьки не завжди однакові: у них бувають злети й падіння

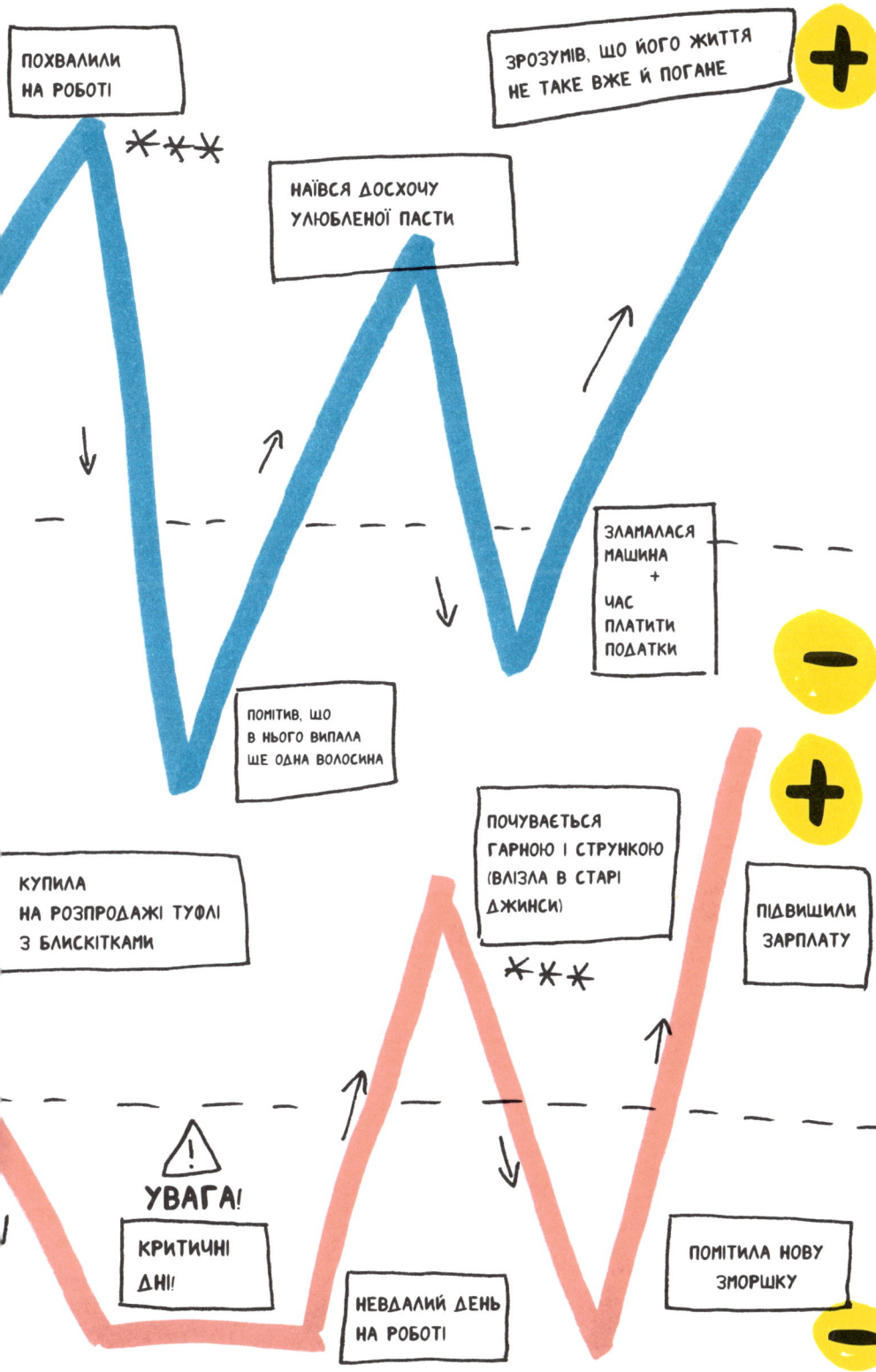

ЖАХІТТЯ!

Іноді в пориві гніву батьки можуть **наговорити дурниць**, бо не знають, як іще змусити тебе слухатися

↓

Не сприймай їх всерйоз!

ЯКЩО ТИ НУ ЗОВСІМ НЕ ХОЧЕШ СЛУХАТИСЯ БАТЬКІВ, СКОРИСТАЙСЯ ЦІЄЮ **ДВІ (ДУЖЕ ВДАЛОЮ ІДЕЄЮ)**

(ВІДВИСЛА ШЕЛЕПА)
А ВИ ХТО ТАКИЙ?

> ПЕРЕВДЯГНИСЯ І ПОЧНИ ВЕРЗТИ КАЗНА-ЩО*

* НЕ ЗАБУДЬ ГОВОРИТИ З АМЕРИКАНСЬКИМ АКЦЕНТОМ

ГУМОВІ ВУХА

НАКЛАДНІ ВУСА

> ХЕЛЛЛОООУ! АЙ ЕМ ГАРРІ ПІТЕР ФРОМ НЬЮ-ЙОРК. ВАШ СИН ВИРУШИВ У КРУГОСВІТНЮ ПОДОРОЖ І ДОЗВОЛИВ МЕНІ ПОЖИТИ В ЙОГО КІМНАТІ. ЕЕЕЕС!

ГІГАНТСЬКІ ПЛАСТИКОВІ РУКИ Й НОГИ

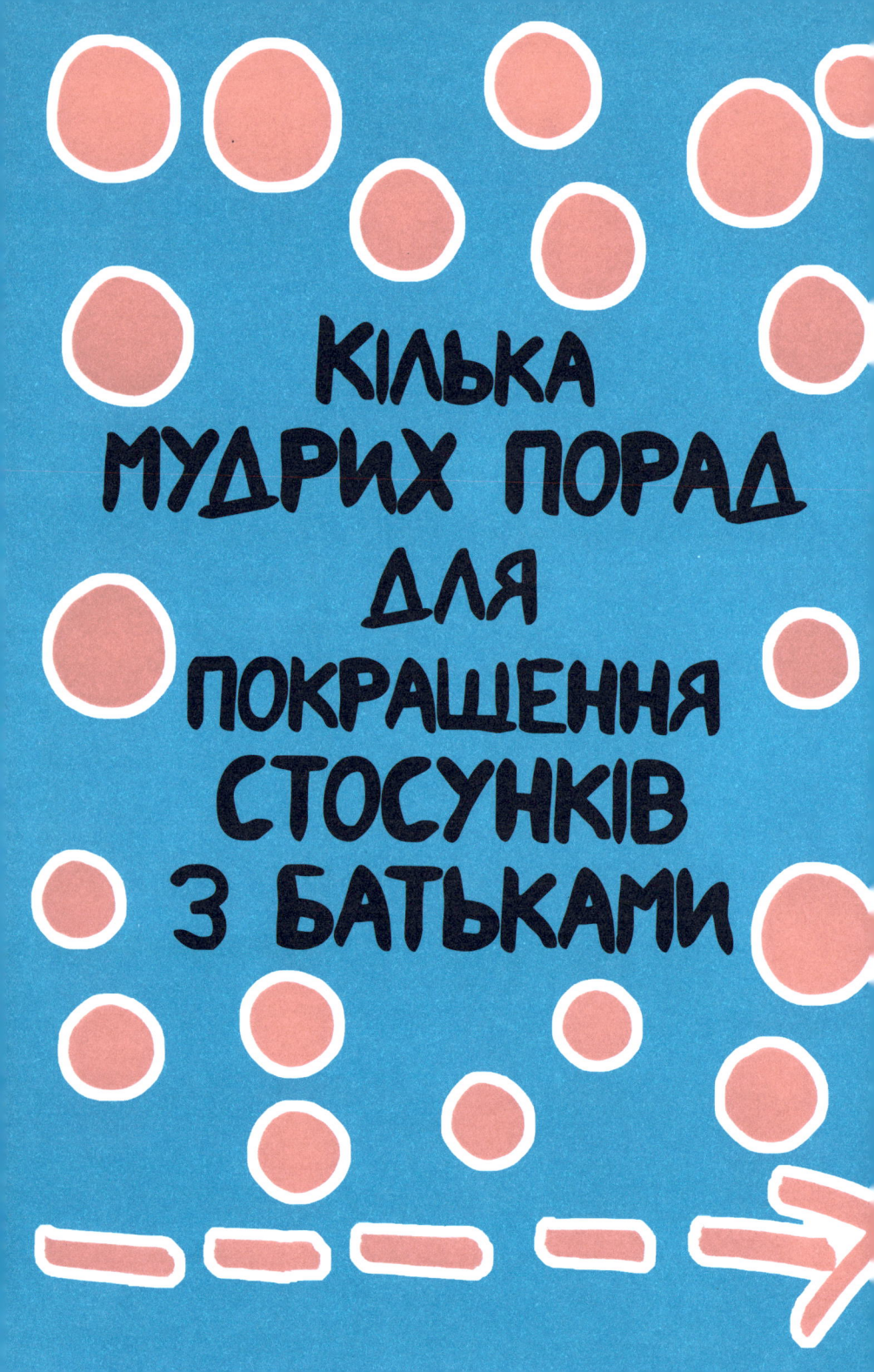

Допоможи батькам **усвідомити**, що ти ростеш, і покажи їм, **який ти будеш через 10 років**

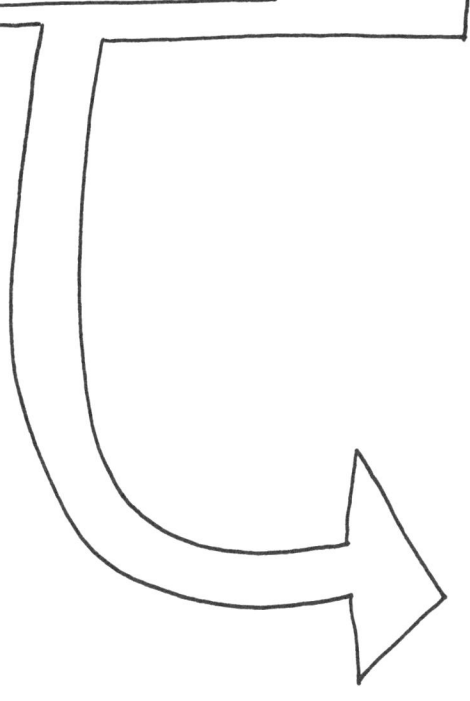

Примітка. Тільки обережно, а то злякаються

АВТОПОРТРЕТ
ЯКЩО ТИ ДІВЧИНА
ЯКЩО ТИ ХЛОПЕЦЬ
АБО
199 СМ
НИЗЬКИЙ ГОЛОС
РОЗКІШНА БОРОДА
5-й розмір грудей
ТІЛО ФАТАЛЬНОЇ ЖІНКИ
42-й розмір взуття
48-й розмір взуття

А ЦЕ ШО ЗА ХИМЕРНІ СТВОРІННЯ?

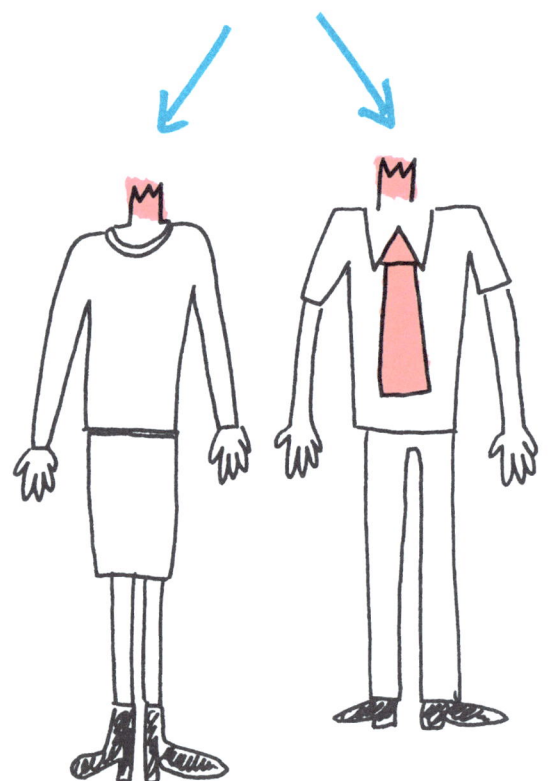

ВІДГАДКА

ЦЕ ТВОЇ БАТЬКИ, КОЛИ ТИ ВИНОСИШ ЇМ МОЗОК. ТОЖ ПОВОДЬСЯ ГАРНЕНЬКО, І ВСЕ БУДЕ ЧУДОВО.

Потіш їх **чимось приємним!** Даруй їм креативні й оригінальні подарунки на свята

День батька

↑
Труси з макаронів-бантиків

↑
Краватка з мушель

↑
Крихітний метелик із макаронини-бантика

ДЕНЬ МАТЕРІ

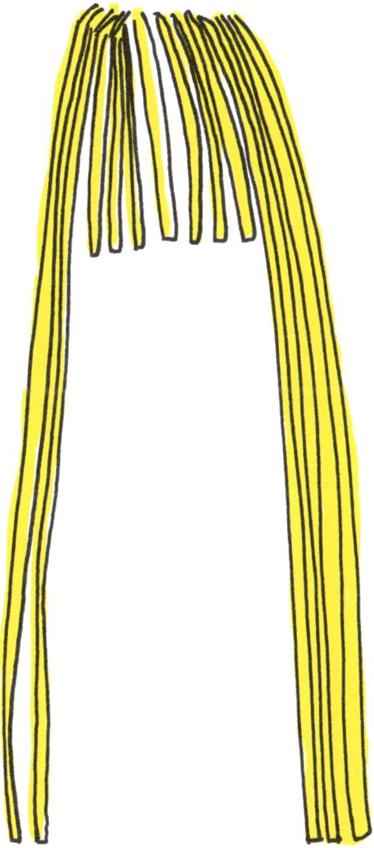

← ПЕРУКА ЗІ СПАГЕТІ (ЧИ ТАЛЬЯТЕЛІ)

ПОДАРУНКИ — ЦЕ ПРИЄМНО

↑ КОМПЛЕКТ ПРИКРАС ІЗ МУШЕЛЬ (ПІДВІСКА + СЕРЕЖКИ)

 # Хай живе

Кілька корисних порад

- Якомога частіше спілкуйся з батьками
- Став їм запитання
- Ділися з ними думками й почуттями
- Розповідай, як минув твій день

> Ненавиджу цвітну капусту

> Що ви думаєте про ядерну загрозу?

> Що ви маєте на увазі?

СПІЛКУВАННЯ!

↓

РОЗМОВИ ДОПОМОЖУТЬ КРАЩЕ РОЗУМІТИ ОДНЕ ОДНОГО

І БАЦ!
СПРАВИ ПІДУТЬ КРАЩЕ!

Щодня знаходь хвилинку ПОСМІЯТИСЯ З БАТЬКАМИ

Навіть якщо твій тато — головний бухгалтер великого кладовища

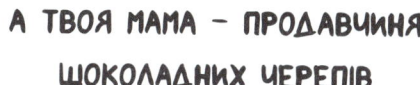

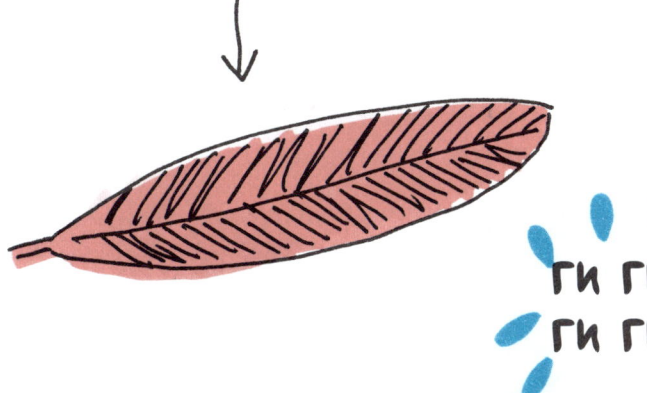

ПРИЛІПИ СЮДИ ФОТО СВОЇХ БАТЬКІВ

 АБО НАМАЛЮЙ ЇХ

УСМІХНІТЬСЯ!

ЛЮБИЙ ЧИТАЧУ, ЛЮБА ЧИТАЧКО, ВИ МОГЛИ Б І НЕ ЧИТАТИ ЦЮ КНИЖКУ (КРАЩЕ Б СХОДИЛИ В БАСЕЙН ЧИ В КІНО), БО НАСПРАВДІ ПРО БАТЬКІВ СЛІД ЗНАТИ ОДНУ-ЄДИНУ РІЧ: ВОНИ ПОТРІБНІ, ЩОБ **ЛЮБИТИ СВОЇХ ДІТЕЙ**, А РЕШТА — ТО ДРІБНИЦІ!

АЛЕ ВСЕ-ТАКИ ДЯКУЮ, ЩО ПРОЧИТАЛИ, МЕНІ ДУЖЕ ПРИЄМНО

АВТОРКА КНИЖКИ, ПЕРЕВДЯГНЕНА ГРИБОМ, ЩОБ ЇЇ НІХТО НЕ ПОМІТИВ ПІД ЧАС ПРОГУЛЯНКИ В ЛІСІ

УДК 821.133.1'06-93(02.025.2)
Б 94

Серія «Читати — класно!»

Перекладено за виданням:
Le livre qui explique enfin tout sur les parents de Françoize Boucher
Éditions Nathan, SEJER, Paris – France

Перекладачка з французької Людмила Дяченко
Головна редакторка Марія Курочкіна
Літературна редакторка Оксана Батюк
Дизайнерка Олександра Бочкор

Буше Ф
Б 94 Книжка, яка нарешті пояснить тобі геть усе про батьків (чому вони змушують тебе їсти овочі й таке інше) / Франсуаза Буше ; пер. з фр. Людмили Дяченко. — К. : АРТБУКС, 2019. — 112 с. — (Серія «Читати — класно!»).
ISBN 978-617-7395-99-6

УДК 821.133.1'06-93(02.025.2)

Літературно-художнє видання
Для молодшого шкільного віку
Франсуаза Буше
Книжка, яка нарешті пояснить тобі геть усе про батьків (чому вони змушують тебе їсти овочі й таке інше)
Четверте видання

Підписано до друку 10.01.2022
Формат 64x90/16
Ум. друк. арк. 7
Наклад 3000 прим. Зам. № 14

Видавництво «АРТБУКС»
Адреса для листування: 01004, м. Київ, вул. Велика Васильківська, 13/1, оф. 200
тел.: 0 (800) 30 90 03
Свідоцтво про внесення до державного реєстру ДК № 501 від 01.12.2015
book@artbooks-publishing.com
www.artbooks.ua
artbooks.ua
publishingartbooks

Віддруковано «Типографія від "А" до "Я"»
Адреса: м. Київ, вул. Колекторна, 38/40
тел.: +38 (044) 562 41 42

© 2012 by Éditions Na
© Людмила Дяченко, переклад, 2
ISBN 978-617-7395-99-6   © Видавництво «АРТБУКС», 2